Anke Hartwig

Kinder-/Jugendhilfeplanung (KJP)

GRIN Verlag

Bibliografische Information der Deutschen Nationalbibliothek:

Die Deutsche Bibliothek verzeichnet diese Publikation in der Deutschen National-
bibliografie; detaillierte bibliografische Daten sind im Internet über http://dnb.d-
nb.de/ abrufbar.

Impressum:

Copyright © 2004 GRIN Verlag GmbH
Druck und Bindung: Books on Demand GmbH, Norderstedt Germany
ISBN: 978-3-656-56182-8

Dieses Buch bei GRIN:

http://www.grin.com/de/e-book/66200/kinder-jugendhilfeplanung-kjp

GRIN - Your knowledge has value

Der GRIN Verlag publiziert seit 1998 wissenschaftliche Arbeiten von Studenten, Hochschullehrern und anderen Akademikern als eBook und gedrucktes Buch. Die Verlagswebsite www.grin.com ist die ideale Plattform zur Veröffentlichung von Hausarbeiten, Abschlussarbeiten, wissenschaftlichen Aufsätzen, Dissertationen und Fachbüchern.

Besuchen Sie uns im Internet:

http://www.grin.com/

http://www.facebook.com/grincom

http://www.twitter.com/grin_com

*Fachhochschule Oldenburg/ **Ostfriesland**/ Wilhelmshaven*
Fachbereich Sozialwesen

Semester:	SoSe 2004
Veranstaltung:	**Einführung in Theorie und Methoden der Sozialarbeit und Sozialpädagogik**

Referentin:	**Anke Hartwig**
Präsentationstermin:	03. Juni 2004

THEMA:

(Sozialplanung)

KINDER-/ JUGENDHILFE
- Die Planung -

Gliederung

1. Einleitung

2. Was ist Kinder-/ Jugendhilfeplanung?
   2.1.   Anfänge der Planung
      2.1.1.   Planungsansätze der 70er
      2.1.2.   Planungsorientierung in den 80er Jahren
      2.1.3.   Planung in den 90er Jahren
   2.2.   Gesetzliche Grundlagen (KJHG)

3. Planungsschritte
   3.1.   Ziel-/ Konzeptentwicklung
   3.2.   Bestandsfeststellung/ Bedarfsermittlung
      3.2.1.   Bevölkerungs-/ und Sozialstruktur
      3.2.2.   Handlungsstruktur des Jugendamtes
      3.2.3.   Soziale Infrastruktur
   3.3.   Maßnahmenentwicklung
   3.4.   Evaluation und Fortschreibung

4. Mitwirkung der Kinder und Jugendlichen
   4.1.   Partizipation
   4.2.   Alters- und entwicklungsspezifische Grundlagen
   4.3.   Konzeptionen und Methoden der Beteiligung

5. Beispiel Spielplatzplanung
   5.1.   Bedeutung für Städte und Landkreise
   5.2.   Spielplatzplanung ist auch Wohnraumplanung
   5.3.   vielfältige Möglichkeiten
   5.4.   Planungsbeteiligung

6. typische Probleme im Planungsprozess

7. Schlussfolgerungen

1. Einleitung

Spricht man von Sozialplanung oder insbesondere Jugendhilfeplanung, dann ist damit eine Planung auf infrastruktureller Handlungsebene gemeint. In der sozialen Arbeit geht es dabei, um die angemessene Versorgung von Personengruppen mit Angeboten der sozialen Unterstützung und Förderung. Bei der damit verbundenen Infrastrukturplanung geht es um das fachliche und fachpolitische Verfahren und die Entscheidungsvorbereitung dessen. Infrastrukturplanung hat ihren Schwerpunkt auf der strategischen Ebene, diese muss aber die alltäglichen Abläufe der Sozialen Arbeit berücksichtigen, um in die Praxis wirkungsvoll und nützlich umgesetzt werden zu können. Aus diesem Wissensstand heraus beschäftigen wir uns zentral mit den Fragen, wie solch eine Planung in einzelnen Schritten stattfindet und wie sie dann letztendlich umgesetzt wird, bzw. seit der gesetzlichen Verpflichtung 1990/ 91 (§§ 79/80 KJHG) umgesetzt werden muss/ sollte.

2. Was ist Kinder-/ Jugendhilfeplanung?

Jugendhilfe und Sozialarbeit sahen sich schon immer mit dem Phänomen und den Folgen des sozialen Wandels konfrontiert. Seit den 60er Jahren wurde im Zuge der Professionalisierung und Verwissenschaftlichung der Sozialarbeit auch versucht mit diesem ständigen Wandel angemessen umzugehen und mithalten zu können. Mittlerweile wurde Jugenhilfeplanung dahingehend aufgewertet, dass es durch das KJHG zur Pflichtaufgabe gemacht wurde. „Jugenhilfeplanung ist ein Instrument zur systematischen innovativen und damit zukunftsgerichteten Gestaltung und Entwicklung der Handlungsfelder der Jugendhilfe mit dem Ziel positive Lebensbedingungen für junge Menschen und ihre Familien zu erhalten oder zu schaffen (§1 KJHG) und ein qualitativ und quantitativ bedarfsgerechtes Jugendhilfeangebot rechtzeitig und ausreichend bereitzustellen (§79 KJHG)" (Handbuch Jugendhilfeplanung, S. 57)

Die Jugendhilfeplanung wird als eine auf bestimmte Zielgruppen bezogene am Bedarf orientierte integrierte Fachplanung verstanden. Als Fachplanung geht es bei der Jugendhilfeplanung um die Entwicklung von längerfristigen zukunftsbezogenen Strategien zur Lösung von komplexen Aufgaben der Jugendhilfe. Jugendhilfeplanung soll sich nicht auf reine Anpassungsplanung beschränken. Damit ist Jugendhilfeplanung keine einmal erledigte Aufgabe, sondern ein ständiger Prozess zwischen Planern, Betroffenen, Beteiligten und politischen Entscheidungsträgern. Die politische Verbindung erhält die Jugendhilfeplanung aus den Entscheidungen der Vertretungskörperschaften und den damit verbundenen finanziellen Mitteln zur Durchführung der Planung. (vgl. Kräft/Mielinz S. 320)

Die strategische Jugenhilfeplanung befaßt sich mit umfassenden Konzeptionen. Sie legt grundlegende Prioritäten fest. Beispielsweise gehören die Entwicklung von Richtlinien zur Entwicklung von Jugendarbeit oder die Festlegung von Verfahren erzieherischer Hilfen zu den strategischen Aufgaben, die die Jugendhilfeplanung leisten muss. Daneben findet im Alltag der Jugendhilfe ständig Planung statt wie etwa die Planung der jährlichen Ferienfreizeiten oder die planungsbezogene Vorbereitung der Inbetriebnahme einer neuen Kindertageseinrichtung.

Jugendhilfeplanung ist also zwingende Voraussetzung für die Gestaltung der Jugendhilfe vor Ort.

2.1 Anfänge der Planung

Zunächst sah man die Jugendhilfeplanung eher skeptisch, da man insbesondere die Vorstellung von Kontrolle, Einengung der Sozialen Arbeit, sowie Verlust von Spontaneität, Kreativität und Handlungsspielräumen mit dem Begriff der Planung verbunden hat. Auf dem deutschen Fürsorgetag, 1969 in Essen, fand das Thema „Sozialplanung" erstmals eine wohlwollende Beratung und Beachtung.

Zur Einführung und Qualifizierung der Planung wurde im sozialen Bereich die Hoffnung verbunden, dass damit die Effektivität von SA gesteigert werden könnte. Im dritten Jugendbericht läßt sich dazu folgender Hinweis finden:

„Planung ist im Jugendhilfebereich unerläßlich, weil bei wachsendem Bedarf an Jugendhilfe die Begrenztheit der finanziellen und personellen Möglichkeiten dazu zwingt, die vorhandenen Kapazitäten rationell einzusetzen und auszunutzen, sowie Kriterien dafür zu entwickeln, welche Aufgaben in welcher Reihenfolge einzugehen sind." (BMJFG 1972 S.119) In der Folgezeit Entstanden dann auch eine Reihe von Planungshilfen für die kommunale Arbeit.

2.1.1. Planungsansätze der 70er

In Auseinandersetzung mit der Praxis von Sozial- und Jugendhilfeplanung sind insbesondere in den 70er Jahren verschiedene Planungskonzeptionen diskutiert und zum teil auch umgesetzt worden.

In Anlehnung an Spiegelberg (1984 S. 14f.) lassen sich drei Modelle unterscheiden, die vor allem von der Frage für wen was geplant werden soll, ausgehen:

1. der bedürfnisorientierte Ansatz
2. der bedarfsorientierte Ansatz
3. und der sozialökologische Ansatz

zu 1.) Im bedürfnisorientierten Ansatz wird die Planung als kommunikativer Prozess verstanden. Planungsbetroffene werden nicht als „Handlungsobjekte" für die geplant wird, angesehen, sie werden im Planungsprozess selbst zu handelnden Subjekten. In diesem Ansatz werden Planer zu sozialpädagogischen Methodikern. (vgl. Ortmann 1976.)

zu 2.) Im bedarfsorientierten Ansatz wird Planung auf Grund einer umfassenden volkswirtschaftlichen Analyse gegründet, die bei sozial- und infrastrukturellen Defizitlagen der Betroffenen ansetzt. (vgl. Beneke u.a. 1975.)

Zu 3.) Im sozialökologischen Ansatz stellt sich die Untersuchung der jeweiligen Lebenssituationen der Betroffenen auf kleinräumiger Ebene in den Mittelpunkt der Planungsüberlegungen. Dabei soll sowohl den sozialökonomischen

Situationen als auch den subjektiven Orientierungen und Traditionen der von Planung Betroffenen rechnung getragen werden. (vgl. Bourgett u.a. 1978, Mundt 1983, Jordan 1983)

Gemeinsam ist all diesen Konzeptionen, dass die Frage des Bedarfs nach sozialen Leistungen zum zentralen Thema des Planungsprozesses gemacht wird.

Da die Theorien zu abstrakt formuliert wurden und zu wenig Realitätsbezug hatten vergrößerte sich die Distanz zur praxisorientierten Anwendung, weshalb man versuchte in den 80er Jahren genauere Leitorientierungen zu formulieren.

2.1.2. Planungsorientierung in den 80er Jahren

Nach einer Auswertung von Ende der 80er Jahre vorliegenden Jugendhilfeplänen durch das Institut für soziale Arbeit e.V. (ISA) ließen sich vor allem vier Leitorientierungen unterscheiden (vgl. ISA 1990):

1. Zielorientierte Planung
2. Bereichsorientierte Planung
3. Sozialraumorientierte Planung
4. Zielgruppenorientierte Planung

Zu 1.) Bei der zielorientierten Planung werden aus allgemeinsten Hauptzielen Unter- und Teilziele abgeleitet. Für den direkten Praxisbezug werden konkretere arbeitsfeldbezogene Ziele formuliert.

Zu 2.) Beim bereichsorientierten Arbeitsansatz wird von im KJHG vorfindbaren Arbeitsfeldern und Aufgaben der Jugendhilfe auf kommunaler Ebene ausgegangen. Bereichsorientierte Ansätze entwickeln ihre Arbeitsweise unter anderem in engem Bezug zu gesetzlich niedergelegten Aufgabendefinitionen.

Zu 3.) Ausgehend von einer Sozialraumanalyse werden regionalspezifische Schwerpunkte gesetzt, die den jeweiligen Bedürfnissen der Zielgruppe möglichst genau entsprechen. Zum einen sollen sozialräumliche Prioritäten gesetzt werden und es soll ermöglicht werden, sich auf vorhandene Mittel zu konzentrieren. Zum anderen soll aber auch eine höhere Adressatennähe erreicht werden.

Zu 4.) Bei der zielgruppenorientierten Planung geht es um die spezifischen Zielgruppen und deren Bedürfnisse. Der Ausgangspunkt liegt also bei der jeweiligen individuellen Situation der Adressatengruppe.

Im Vergleich zu den 70ern, wo vor allem theoretisch begründete Konzeptionen Ausgangspunkt waren, waren die Zugänge und gesetzten Schwerpunkte in den 80er Jahren lediglich empirisch zu beobachtenden.

2.1.3. Planung in den 90er Jahren

Man ging dazu über die bisherigen Konzepte in eine ganzheitliche Jugendhilfeplanung zu integrieren. „Die Planungsfrage „Warum (Zielorientierung) soll oder muss was (Bereichsorientierung) wo (Sozialraumorientierung) für wen (Zielgruppenorientierung) angeboten werden?" erzwingt geradezu eine integrierte Perspektive. Die verschiedenen Orientierungen sind Teil eines Ganzen, die jeweils spezifische Dimensionen und Perspektiven in den Blick nehmen. Jugendhilfeplanung lebt durch den dadurch erzwungenen steten Perspektivenwechsel auf den Gegenstand „kommunale Jugendhilfe"." (Handbuch Jugendhilfeplanung, S. 95).

2.2. Gesetzliche Grundlagen

Am 01.01.1991 trat das KJHG (SGB VIII) in Kraft (in Ostdeutschland schon am 03.10.1990). Es formuliert anzustrebende Jugendhilfeziele viel ausgeprägter als das vorige Jugendwohlfahrtsgesetz. Seit dem in Kraft treten des KJHG, besteht damit im Gegensatz zu früher (vgl. JWG), für die öffentliche Jugendhilfe die Verpflichtung zur Jugendhilfeplanung.

Im ersten Kapitel des KJHG werden allgemeine Ziele der Jugendhilfe formuliert. Im zweiten Kapitel werden unter „Leistungen der Jugendhilfe" die Ziele aus dem ersten Kapitel wieder aufgenommen und arbeitsfeldbezogen konkretisiert. Auch bezüglich der Gestaltung und Ausstattung werden organisationsbezogene Ziele und Standards formuliert (siehe §§1 ff. KJHG). In § 80 KJHG wird die Jugendhilfeplanung mit eindeutigen Zielvorgaben gekoppelt. Es wird besonders hervorgehoben, dass Jugendhilfe im familiären und sozialen Umfeld von Kindern und Jugendlichen ansetzt und ein stadtteilbezogenes, vernetztes Angebot bereitstellen soll. Junge Menschen und Familien in gefährdeten Lebens- und Wohnbereichen sollen besonders gefördert werden. Außerdem sollen Einrichtungen und Dienste so geplant werden, dass Mütter und Väter Aufgaben in der Familie und Erwerbstätigkeit besser miteinander vereinbaren können.

Im Gesamtkontext betrachtet stellt das KJHG damit erstmals eine gute Basis für die Realisierung einer lebensweltorientierten Jugendhilfe dar und schafft mit der Verpflichtung der Jugendhilfeplanung die notwendigen Voraussetzungen, die kommunale Jugendhilfe fachlich und inhaltlich weiterzuentwickeln und zu qualifizieren.
Mit dieser gesetzlichen Verpflichtung, im Sinne einer Muss-Verpflichtung, entsteht die stärkste Form der Zuweisung von konkreten Aufgaben, im Gegensatz zur bloßen „Soll-" und „Kann-Verpflichtung". (vgl. Handbuch Jugendhilfeplanung, S. 213)

3. Planungsschritte

Die Jugendhilfeplanung ist der ständige Versuch ein Handlungsumfeld zu reflektieren und zu gestalten. Planende Personen sind selbst unmittelbar eingebunden, so dass durch ihr eigenes Handeln Planungsergebnisse jederzeit überprüfen können. Daher muss sich Jugendhilfeplanung immer wieder über den eigenen Stand und ihrer Methoden vergewissern, um Aufgaben wahrnehmen zu können und Ziele nicht zu verfehlen.

Die niedergeschriebenen Planungsphasen im KJHG „Bestandserhebung"
„Bedarfsermittlung" und „Maßnahmenplanung" sind nicht als fester Fahrplan
anzusehen, jedoch als verpflichtende Teilaufgaben bindend.

Die Teilaufgaben „Ziel- und Konzeptentwicklung" sowie „Evaluation und
Fortschreibung", die im Gesetz keine ausdrückliche Berücksichtigung finden,
ergeben zusammen mit den drei ersten Teilaufgaben ein logisches
Gesamtkonzept.

Die Phasen zum Planungsprozess sind keine direkte gesetzliche Vorgabe zum
Ablauf und müssen auch nicht als zeitlich nacheinander ablaufende Phasen
realisiert werden. Daher ist es möglich, dass teilweise Phasen miteinander
verkoppelt werden und somit zeitgleich verlaufen.

Die fünf zentralen Planungselemente sind unabhängig von der gewählten
Planungsorganisation. Es ist auch bei einer bereichs-, sozialraum- oder
zielgruppenorientierten Planungsorganisation immer erforderlich diese
Elemente im Rahmen der gewählten Organisationsform der Planung
umzusetzen.

Die flexible Reihenfolge der fünf Schritte lässt genügend Spielraum für den
Praxisbezug, so dass die Sozialarbeit methodische Ansätze individuell auf
gesetzte Ziele ausrichten kann.

3.1. Ziel- und Konzeptentwicklung

Die Ziel- und Konzeptentwicklung fasst zwei zusammengehörige Elemente
zusammen. Wobei die Zielentwicklung auf die inhaltliche Richtung der
Jugendhilfe hinweist. Es werden allgemeine Zielvorstellungen formuliert die als
Richtlinie gelten sollen.

Die Konzeptentwicklung strebt im Vorfeld grundsätzlich zu klärende Fragen
an. Möglichst alle Planungsbeteiligten sollen an diesen Fragestellungen
mitwirken, um sie dann wie folgt zu bearbeiten:

- „Welche fachlichen und politischen Zielvorstellungen werden mit der
  Planung, der Initiierung von Planungsprozessen verbunden? In welchem
  politischen Kontext und unter welchen politischen Rahmenbedingungen
  wird die Planung stattfinden?

- Welches Planungsverständnis ist zwischen den verschiedenen Akteuren konsensfähig und welcher Planungsansatz soll dementsprechend verfolgt werden?
- Welche Planungsorganisation (Planungsgruppen, Planungsstelle im Amt, Beauftragung externer Institute) muss hierfür gewählt werden?
- Welche personellen Voraussetzungen müssen geschaffen werden (Qualifikation, Ansiedlung, Dotierung der Planungsfachkraft)?
- Welche organisatorischen und zeitlichen Rahmenbedingungen werden für den Planungsprozess eingeräumt?
- Welche Form der Beteiligung freier Träger wird gewählt?
- Ob und wie soll Betroffenenbeteiligung realisiert werden?
- U.a.m." (Handbuch Jugendhilfeplanung, S.176)

Über Grundsätze der Planung sollten VertreterInnen der Politik und Fachkräfte des öffentlichen Dienstes und der freien Träger einig sein, denn dadurch entstehen verbindliche „Geschäfts- und Verfahrensordnungen" über die inhaltlich unterschiedliche Meinungen entstehen können und auch sollen.

3.2. Bestandsfeststellung/ Bedarfsermittlung

„Die Träger der öffentlichen Jugendhilfe haben im Rahmen ihrer Planungsverantwortung den Bestand an Einrichtungen und Diensten festzustellen" (§80, Abs. 1 KJHG)
Bestandsfeststellung und Bedarfsermittlung ergeben zusammen ein zentrales Element jeder Jugendhilfeplanung. Die Bestandsaufnahme wird in der Regel parallel zur Bedürfnis- und Bedarfsermittlung erarbeitet.
In der Jugendhilfeplanung müssen drei Ebenen der Bestandsaufnahme Berücksichtigung finden:
- die Bevölkerungs- und Sozialstruktur
- die Handlungsstruktur des Jugendamtes
- Einrichtungen und Dienste (soziale Infrastruktur)

3.2.1. Bevölkerungs- und Sozialstruktur

Analysen zur Sozialstruktur stellen gleichzeitig und nicht voneinander trennbar Aufgaben der Bestandserhebung und wichtige Indikatoren für die Bedarfsfestsetzung dar.

Bestandsaufnahmen im Bereich der Sozialstruktur lassen sich gut in Form eines Sozialatlasses aufarbeiten und zurückkoppeln in die Diskussion aller Planungsbeteiligten. Bestandsaufnahmen zur Bevölkerungs- und Sozialstruktur können oder sollten durch Milieuanalysen ausgewählter sozialer Räume in Form von Regional- oder Stadtteilberichten oder Intensivgesprächen mit Experten abgerundet werden.

3.2.2. Handlungsstrukturen des Jugendamtes

Ebenfalls sollten die vorhandenen Jugendämter mit ihren Angeboten einerseits und ihren Erfahrungen andererseits mit in die Planung integriert werden.

So beruht die bundesweite Jugendhilfestatistik auf Angaben der Jugendämter. Das Material kann bei entsprechender Auswertung und Berücksichtigung schon frühzeitig Veränderungen aufzeigen und eine angemessene Reaktion beschleunigen.

Weiter hilft eine Offenlegung der Organisationsformen und der Zuständigkeitsbereiche eine schnelle Kommunikation zu erleichtern.

3.2.3. Soziale Infrastruktur

Die Bestandsaufnahmen der Einrichtungen und Dienste dient den Vorhaben aller Aktivitäten der verschiedenen Träger der Jugendhilfe zu erfassen und dann systematisch darzustellen (vgl. Lukas 1996, S. 93ff)

Darüber hinaus wird versucht ein möglichst genaues Bild über Struktur, Aufgabenfelder, Zielgruppen, Finanzierung, Leistungsangebot, Einzugsgebiet u.a. zu geben.

Aus Gründen begrenzter Arbeitskapazität können die bisherigen Bestandsfeststellungen der Planungsfachkräfte und Planungsgremien in der Regel nur in exemplarischer Form erfolgen. Deshalb ist es sinnvoll Schwerpunkte in den Bereichen zu setzen, die im Alltag des Jugendamtes besonders entwicklungsbedürftig erscheinen. Da Jugendhilfeplanung ein dauerhafter Prozess sein sollte, ergibt es keinen Sinn alles - bisher Versäumte - auf einmal anzufassen. Außerdem ergibt sich zum späteren Zeitpunkt immer wieder die Möglichkeit vernachlässigte Bestandserhebungen vorzubereiten und nachzuholen. Zukunftsorientiert soll es darum gehen Veränderungen zu dokumentieren und die Wirksamkeit zwischenzeitlicher Maßnahmenprogramme zu überprüfen, dass heißt Verschmelzung von Bestandsaufnahme und Evaluation.

3.3. Maßnahmenplanung und –durchführung

„Die Träger der öffentlichen Jugendhilfe haben im Rahmen ihrer Planungsverantwortung (...) die zur Befriedigung des Bedarfs notwendigen Vorhaben rechtzeitig und ausreichend zu planen." (§ 80, Abs. 1 KJHG) Auch die Maßnahmenplanung vollzieht sich in der Jugendhilfeplanung im engen Bezug zu anderen Phasen wie implizit zur Zielentwicklung, Bestandsaufnahme und Bedarfseinschätzung. (SUPER ANKE, DANKE) Diese müssen nun in konkrete Vorstellungen umgesetzt werden über Aktivitäten, Programme, Konzepte, Dienste und Einrichtungen zur bedarfsgerechten Gestaltung der kommunalen Jugendhilfe. Im direkten Planungsprozess beschränkt sich die Maßnahmenplanung in der Regel auf die Benennung konkreter, fachlich begründeten Handlungsbedarf. Dabei sind eine Reihe von Vorgaben zu berücksichtigen, die das KJHG für die Gestaltung der Jugendhilfe formuliert hat.

3.4. Evaluation und Fortschreibung

Das Ziel sozialplanerischer Maßnahmen in der Evaluation ist, die Effektivität und die Effizienz laufender Maßnahmen zu überprüfen und daraus Schlüsse und Folgerungen für die zukünftigen Handlungsbedarfe zu ziehen. Wenn festgestellt wird, dass bestimmte Maßnahmen ungeeignet für die Umsetzung sind, sollen diese nicht fortgeschrieben werden, sondern müssen entsprechend verändert werden. Da das KJHG die Jugendhilfeplanung zur Daueraufgabe der öffentlichen Träger der Jugendhilfe bestimmt sind Evaluation und Fortschreibung weniger als eigenständige Elemente des Planungsprozesses zu betrachten. Insofern gilt die Aufforderung zu Evaluation und Fortschreibung von Beginn der Planung an über den gesamten Prozess hinweg für alle anderen Planungselemente. Von Bedeutung ist die Fortschreibung allerdings in den Planungsbereichen des Jugendamtes. In der Praxis sollten gleich zu Beginn einer intensiveren Planungsphase alle Planungselemente in den Blick genommen werden und ihre Bedeutung für weitere Diskussionsprozesse dargestellt und diskutiert werden.

4. Mitwirkung der Kinder und Jugendlichen (Partizipation)

5. Beispiel Spielplatzplanung

5.1. Bedeutung für Städte und Landkreise

Dadurch, dass die Bevölkerungsdichte immer mehr ansteigt und der Zuwachs des Verkehrsanteils (Straßenbau etc.) in Städten sichtbar zunimmt und gegenteilig Grün-, Wald- und Freiflächen immer mehr abnehmen (neue Wohngebiete, Schließung von Baulücken etc.), sollte die Spiel- und Sportflächenplanung für Kinder und Jugendliche mehr an Bedeutung gewinnen. In der praktischen Umsetzung reicht die Bedeutung der Kreise und Städte jedoch über viele verschiedene Ansichten:
Landkreise mit kleineren Gemeinden und weniger verdichteten Wohngebieten vertreten oftmals die Meinung, dass eine Spielplatzplanung gar nicht von Nöten sei, da es genügend Freiflächen, Wälder und Treffpunkte gebe, wo sich Kinder und Jugendliche aufhalten können. Einige Kreisverwaltungen treten die Position der Spielplatzplanung an die örtlichen

Gemeinden ab und begründen dies damit, dass solche Planungen mit geringem Aufwand und großer Flexibilität zu verrichten seien und vor Ort wird dahingegen dann kein Planungsbedarf mehr gesehen. Außerdem wird dem Bau von Sport- und Spielplätzen nicht selten aus dem Weg gegangen, da die Verpflichtung der Wartung dieser Plätze auch eine Verantwortung mit sich bringt. Ist ein Spielplatz nicht da können auch keine Unfälle oder Haftpflichtfragen entstehen.

Dem Gegenüber steht eine ausgereifte Fachplanung mit zahlreichen Standards, d.h.:

- systematisierte Datenerfassung über die Einzugsgebiete und jeden einzelnen Spielplatz,
- zielgruppenbezogene Ausrichtung und spielpädagogische Bewertung der Einrichtung und Geräte,
- Durchführung regelmäßiger Inspektionen, Wartungen und Verbund der Wartungen mit Mängelstatistik und Planung,
- Anpassung und Erweiterung des Leistungsspektrums durch Nutzer-/ Begleitpersonenbefragung, zusätzlichen Einsatz von Spielmobilen und Ferienspielaktionen,
- Einsatz pädagogischer Betreuungskräfte (ombudsman, Spielplatzpaten),
- Regelmäßige Planungsfortschreibung
- Dokumentation der Informationen in Stadtführern für Kinder,
- Beteiligung an der Bauleitplanung,
- EDV-gestütztes Berichtswesen.

Diese Standards entsprechen zumindest im Ansatz bereits zahlreichen Großstädten in Deutschland.

5.2. Spielplatzplanung ist auch Wohnraumplanung

Eine besondere Bedeutung für die Entwicklung von Spielplätzen o.ä. kommt zukünftig den folgenden drei Wohngebietstypen zu: Erstens Neubaugebiete mit verdichteter Bauweise, z.B. beim Neubau von Mehrfamilienhäusern. Zweitens bei verdichteten Wohngebieten mit hohem Verkehrsaufkommen in Stadtmitte und drittens in überalteten Wohngebieten.

In den übrigen Wohngebieten hat dagegen zukünftig die Bestandssicherung, die qualitative Angebotssicherung und Vernetzung von Spielflächen durch sichere Fuß- und Radwege Priorität.

Da die Spielplatzplanung unter anderem auch eine Wohnraumplanung darstellt müssen verschiedene weitere Aspekte bedacht werden. Kinder und Jugendliche im Grundschulalter spielen vor allem im engen Wohnumfeld der Familien. Kinder im Jugendalter suchen vermehrt Freizeitstätten, Vereine etc. außerhalb des engeren Wohnumfeldes, in ihrer Freizeit, auf. Junge Erwachsene finden Möglichkeiten zur Freizeitgestaltung bereits außerhalb des Stadtteils. Daher muss die Jugendhilfeplanung unterschiedliche sozialräumliche Lebenswelten von Kindern, Jugendlichen und jungen Erwachsenen für die Analyse von Problem- und Bedarfslagen und die Maßnahmenentwicklung zu Grunde legen.

Die Betreuung von Kindern im schulpflichtigen Alter des Primarbereichs wird in Zukunft mit steigender Erwerbstätigkeit von Müttern und Zunahme alleinerziehender Mütter und Väter an Bedeutung gewinnen. In der Spielplatzplanung kommt damit der Abstimmung von Spielflächen für unterschiedliche Altersgruppen, Nutzungsfunktionen und in unterschiedlicher organisatorischer Anbindung/ Trägerschaft ebenfalls eine steigende Bedeutung zu.

Bei Bezirksgliederungen sind Spielplätze, Kindertagesstätten und Grundschulen bisher vorrangig als Einzugsgebiete vorhandener oder zukünftiger sozialer Infrastruktur unter Gesichtspunkten der Kapazitätsauslastung sowie räumlicher Nähe der Nutzer von Bedeutung. Es wurden ergänzend in der Arbeit sozialer Dienste zusätzliche Gebietsgliederungen entwickelt, die vornehmlich Gesichtspunkte einer gleichmäßigen personellen Aus-/ Belastung der sozialen Dienste, des verbesserten Informationszugangs zur Lebenswelt der Kinder und Jugendlichen, sowie kurze Wegezeiten berücksichtigen. Für die Jugendhilfeplanung sind dabei drei organisatorische recht wichtig:

Die Gebietsgliederung der Erziehungshilfen und des ASD der Jugendämter, die Gebietsgliederung des Außendienstes der Sozialämter soweit diese nicht nach dem Alphabet arbeiten, sowie die Einzugsgebiete der Sozialstationen der freien Wohlfahrtsverbände.

5.3. vielfältige Möglichkeiten

Abhängig vom Alter und den biographischen Bedürfnissen sollen unterschiedlich gestaltete Spielflächen und Geräte zur Förderung von Bewegungs-, Hand- und Kommunikationsaktivitäten bei Kindern und Jugendlichen beitragen. Darum wird zwischen verschiedenen Spielplatztypen unterschieden, die sich an verschiedene Altersgruppen richten, wie z.B. Kleinknderspielplatz, Gerätespielplatz, Naturspielplatz, Boltz- und Ballspielplatz, Rasenspielflächen, Spielstraßen und Spielinseln, Spielecken zur vorübergehenden Nutzung mit versetzbaren Geräten, Spielpunkte in Fußgängerzonen oder Grünanlagen ohne Platzbindung, Rollschuhbahnen und Skateboardbahnen, Schulhöfe usw.

Hierbei ist zu beachten, dass (gerade die letzen beiden Spielplatztypen) sehr kurzlebig sein können. Zusätzlich erweist sich, dass sich nicht nach einer DIN-Norm ausgerichtete Plätze und Treffpunkte oftmals viel interessanter für Kinder und Jugendliche darstellen.

Die Vielfalt der Möglichkeiten darf sich somit nicht auf einzelne (Spiel-) Platztypen der einzelnen Altersgruppen beschränken, sondern bedarf genauerer Informationen über das gesamte Umfeld des jeweiligen Gebietes. Hierfür kann z.B. ein Datenerfassungsbogen genutzt werden (Anhang: Muster eines Datenerfassungsbogens zu Spielplatzdaten)

Zusätzlich müsste gewährleistet werden, dass auch freie Spielflächen, wie Wälder, Rasenflächen usw. von der Datenbank erfasst werden und die Beachtung der Sicherheit von Rad- und Fußwegen nicht abnimmt. Da gerade die sichere Erreichbarkeit von Plätzen aus dem Wohnumfeld gewährleistet sein sollte und das die flexible Nutzung von Vorhandenen Spielflächen erst ermöglicht.

5.4. Planungsbeteiligung

Weitere wertvolle Hilfen für die Planung von Spielplätzen können pädagogische Fachkräfte von Trägern und Einrichtungen leisten. Denn Spielflächen siedeln meist in unmittelbarer Nähe von Kindertagesstätten, Horten, Grundschulen u.ä. an. Pädagogisches Personal kann also z.B. als willkommene Abwechslung mit den Kindern Spielplätze aus dem Näheren Umfeld aufsuchen, um den Kindern u.a. Stadtteilkenntnis zu vermitteln oder aber auch zu überprüfen wie der Erlebnisbereich auf sie wirkt. So können beispielsweise Ausstattungs-, Funktionsmängel oder ähnliches an das zuständige Amt weitergeleitet werden.

Durch diese Art der Mithilfe von Spielplatzplanung könnte die Bedarfsplanung künftig stärker die qualitativen und nutzerbezogenen Planungskriterien berücksichtigen.

„Spielplatzplanung muss daher zukünftig im Rahmen der Jugendhilfeplanung (...) angesiedelt sein und die Beobachtungen und Erfahrungen gemeinswesenbezogener Jugend- und Sozialarbeit für die Planung nutzen. Im Rahmen der Jugendhilfeplanung müssen deshalb alle jugendhilferelevanten Einrichtungen und Orte in kleinräumigen Planungsgebieten ermittelt und dokumentiert werden. Mit der Förderung eines gemeinwesenbezogenen Ansatzes in der Familien-, Erziehungs- und Jugendarbeit kann diese Informationsquelle systematisch für die Maßnahmenentwicklung genutzt werden." (Schneider Horst R./ Johrendt Norbert 1994, S.145)

Literatur:

- Beneke, E. u.a.: Planung in der Jugendhilfe. Grundlagen eines bedarfsorientierten Planungsansatzes, Kronberg 1975
- Bourgette, J./Preusser, N./ Völkel, R.: Jugendhilfe und kommunale Sozialplanung. Eine sozialökologische Studie, Weinheim und Basel 1978.
- Bundesminister für Jugend, Familie und Gesundheit (BMJFG): dritter Jugendbericht. Aufgaben und Wirksamkeit der Jugendämter in der Bundesrepublik Deutschland, BTDr VI/3170, Bonn-Bad Godesberg 1972
- Institut für soziale Arbeit e.V.: Jugendhilfeplanung in Nordrhein- Westfalen. Schriftenreihe des MAGS, Düsseldorf 1990
- Jordan, E./ Schone, R. (Hg.): Handbuch Jugendhilfeplanung. Grundlagen Bausteine Materialien. Münster, 2. Aufl. 2000.
- Jordan, E.: Kleinräumige Sozialdaten als Grundlage einer Jugendhilfeplanung. in: Mundt 1983, S. 199-222
- Kräft,D./Mielenz,J.: Jugendhilfeplanung. in: Kräft/ Mielenz 1996)
- Lukas, H.: Bestandsaufnahme von Einrichtungen der Jugendhilfe. In: Lukas/Strack 1996 S. 93-132)
- Mundt, J.W. (Hg.): Grundlagen sozialer Lokalpolitik, Weinheim 1983
- Ortmann, F. (Hg.): Sozialplanung für wen? Gesellschaftsstruktur. Planung und Partizipation. Neu Wied 1976.
- Schneider Horst R./ Johrendt Norbert (Hg.): Kommunale Jugendhilfeberichterstattung und Jugendhilfeplanung. Bielefeld: Berufsverband deutscher Soziologen. 1994

Anhang:

<u>VERLAUFSPLANUNG</u>

WER?	AUFGABE	Material	METHODE
Alle	Was ist Kinder- und Jugendhilfeplanung?	Mind Map/Tafel	Gruppe fragen was sie sich darunter vorstellen?
ReferentInnen	Gliederung vorstellen	Plakat	Präsentation
ReferentInnen	Geschichtliche & gesetzliche Hintergründe		Präsentation
ReferentInnen	Planungsschritte vorstellen	Karten	Präsentation
ReferentInnen	Wie sollte Mitbestimmung verlaufen?	Folien	Präsentation
Alle	Arbeitszettel „Partizipationsformen" verteilen und lesen lassen	Arbeitszettel	Stillarbeit
Gruppe(n)	Auseinandersetzung mit der Frage „Wo liegen typische Probleme?"	Karten + Arbeitszettel	Karten verteilen, Gruppenarbeit (vier Gruppen)
Gruppe(n)	Situationsgemäß Gruppenvorstellung und/oder Diskussion	Gruppenarbeitsergebnisse	Gruppenvorstellung mit Diskussion
Alle	Präsentationsabschluss	Handout	Gemeinsames Fazit ziehen

19

> Was ist Kinder- Jugendhilfeplanung?

Spricht man von Sozialplanung oder insbesondere Jugendhilfeplanung, dann ist damit eine Planung auf infrastruktureller Handlungsebene gemeint, auf bestimmte Zielgruppen bezogen und am Bedarf orientierte integrierte Fachplanung. Als Fachplanung geht es bei der Jugendhilfeplanung um die Entwicklung von längerfristigen zukunftsbezogenen Strategien zur Lösung von komplexen Aufgaben der Jugendhilfe.

In der sozialen Arbeit geht es dabei, um die angemessene Versorgung von Personengruppen mit Angeboten der sozialen Unterstützung und Förderung.

> Anfänge der Planung

Die ersten Theorien in den 60er und 70er Jahren waren sehr abstrakt formuliert worden und hatten zu wenig Realitätsbezug. Die Distanz zur praxisorientierten Anwendung vergrößerte sich, weshalb man versuchte in den 80er Jahren genauere Leitorientierungen zu formulieren, somit ging man dazu über die bisherigen Konzepte in eine ganzheitliche Jugendhilfeplanung zu integrieren.

Wo liegen typische Probleme in der Planung?

_____

_____

_____

_____

_____

_____

> Gesetzliche Grundlagen

Am 01.01.1991 trat das KJHG (SGB VIII) in Kraft (in Ostdeutschland schon am 03.10.1990). Es formuliert anzustrebende Jugendhilfeziele viel ausgeprägter als das vorige Jugendwohlfahrtsgesetz. Seit dem in Kraft treten des KJHG, besteht damit im Gegensatz zu Früher (vgl. JWG), für die öffentliche Jugendhilfe die Verpflichtung zur Jugendhilfeplanung.

> Planungsschritte

Die niedergeschriebenen Planungsphasen im KJHG „Bestandserhebung" „Bedarfsermittlung" und „Maßnahmenplanung" sind nicht als fester Fahrplan anzusehen, jedoch als verpflichtende Teilaufgaben bindend.

Die Teilaufgaben „Ziel- und Konzeptentwicklung" sowie „Evaluation und Fortschreibung", die im Gesetz keine ausdrückliche Berücksichtigung finden, ergeben zusammen mit den drei ersten Teilaufgaben ein logisches Gesamtkonzept.

Die Phasen zum Planungsprozess sind keine direkte gesetzliche Vorgabe zum Ablauf und müssen auch nicht als zeitlich nacheinander ablaufende Phasen realisiert werden. Daher ist es möglich, dass teilweise Phasen miteinander verkoppelt werden und somit zeitgleich verlaufen. (siehe auch Aufgabenzettel)

Fazit:

_____

_____

_____